Parle-moi du Ramadan

Bachar Karroum

ILLUSTRATEUR - TANJA VARCELIJA

ISBN: 978-1-988779-08-9

Dépôt légal : bibliothèque et archives nationales du Québec, 2019.
Dépôt légal : bibliothèque et archives Canada, 2019.

Auteur	: Bachar Karroum
Illustratration	: Tanja Varcelija
Graphisme	: Samuel Gabriel
Page couverture	: German Creative
Traduction en français	: Aline Massouh
Correction du français	: Isabelle Laurent

GLOSSAIRE

Adhan	Appel à la prière.
Allah	Mot arabe signifiant Dieu.
Coran	Livre sacré de l'Islam.
Dua	Demander des bénédictions à Allah.
Iftar	Repas après le coucher du soleil.
Insha-Allah	Si Dieu le veut.
Moubarak	Béni.
Salat	Prière des musulmans effectuée cinq fois par jour.
Souhour	Repas avant l'aube.

Au milieu de la nuit, Laila entend un bruit provenant de la cuisine.

Se frottant les yeux, elle se lève et descend pour voir ce qui se passe.

Laila observe sa famille assise à la table, en train de manger.

« Un repas à cette heure-ci, au milieu de la nuit ? » se demande Laila.

Le soleil se lève et Laila aussi.

« Maman! J'ai faim, dit Laila.

- Le petit déjeuner est servi », répond maman.

Laila descend à toute vitesse, s'assoit à table et attend sa famille.

« Personne ne prend son petit déjeuner aujourd'hui ? » se dit Laila, surprise.

Au cours de la soirée, Laila est heureuse de voir toute sa famille réunie à la maison.

Ses grands-parents, sa tante, son oncle et ses cousins, presque tout le monde est là.

Laila est très contente ! Elle adore être entourée par sa famille.

« Mais, quelle est l'occasion de cette grande visite ? » se demande Laila.

À l'approche du coucher du soleil, tous les membres de la famille se rassemblent à la cuisine.

Chacun donne un coup de main, prépare le repas et met la table.

La collaboration et l'esprit familial sont à leur plus haut niveau.

Laila aimerait bien vivre cette agréable ambiance tous les jours.

La table est prête et tout le monde est assis. Cependant, personne ne mange. Toute la famille attend.

Soudain, Laila entend l'Adhan provenant de la mosquée voisine.

Après avoir rompu le jeûne et prononcé le Dua de l'Iftar, tous commencent à manger en silence.

Laila observe sans faire de bruit.

Le repas terminé, c'est le moment de prier. Certains vont à la mosquée et d'autres prient à la maison.

L'atmosphère est paisible et réconfortante.

Laila est très heureuse, mais souhaite vraiment comprendre ce qu'est cette occasion spéciale.

Plus tard durant la soirée, Laila va voir son père.

« Papa, est-ce qu'il y a un évènement spécial aujourd'hui ? demande Laila.

- Oh, Laila ! C'est le premier jour du mois de Ramadan. Je suis désolé, nous ne te l'avons pas dit.

Maintenant que tu es une grande fille, laisse-moi t'en dire plus », dit papa.

« Durant ce mois, nous ne mangeons et ne buvons pas, de l'aube au coucher du soleil », explique papa.

Laila se souvient de ce qu'elle a vu plus tôt dans la journée.
« Ah, voilà pourquoi je vous ai vu manger au milieu de la nuit !

- Oui, c'est exact ! C'est le Souhour, le repas avant l'aube, répond papa.

Mais tu sais Laila, durant le Ramadan, il ne s'agit pas seulement de jeûner, c'est-à-dire d'arrêter de manger et de boire. Le Ramadan, c'est aussi… »

« … un mois de miséricorde où les portes du paradis sont ouvertes, raison pour laquelle nous multiplions les prières (Salat) et la récitation du Coran.

Est-ce que tu sais que le Coran nous a été envoyé pendant le Ramadan ? demande papa.

- Intéressant ! Je ne le savais pas. Papa, parle-moi plus du Ramadan, je veux en savoir davantage ! » affirme Laila.

« Le Ramadan, c'est aussi un mois de bonnes actions. Un mois qui nous rappelle et qui nous apprend à pardonner, à aimer, à être bienveillants et généreux.

- Je comprends. Donc, nous sommes formés à être bons pendant le Ramadan, pour que l'on puisse continuer à faire le bien tous les jours ! N'est-ce pas ?

- Voilà, tu as bien compris, Laila », confirme papa, avant de continuer…

« Durant ce mois, nous faisons également des dons de charité. Nous aidons les plus démunis et leur offrons de la nourriture, des vêtements et d'autres articles dont ils peuvent avoir besoin.

Lorsque tu donnes à ceux qui sont dans le besoin, tu seras récompensé par Allah.

- Papa, puis-je donner certains de mes jouets aux enfants dans le besoin ?

- C'est une excellente idée, Laila. Je suis fier de toi ! » lui répond papa.

« Mais, papa… je ne comprends toujours pas. Pourquoi nous ne mangeons et ne buvons pas pendant le Ramadan ?

- Lorsque nous arrêtons de manger et de boire, nous pouvons comprendre ce que c'est d'avoir faim.

Nous devons donc toujours être reconnaissants envers Allah pour ce qu'il nous donne.

Il ne faut pas gaspiller de la nourriture et il faut penser à ceux qui n'ont pas beaucoup à manger. »

« Le Ramadan est génial papa ! Est-ce que je peux jeûner aussi ? demande Laila.

- Bien sûr, tu peux essayer demain. Je te réveillerai pour le repas avant l'aube, Insha-Allah. Mais tu as intérêt à te coucher tôt, conseille papa.

- D'accord. Ramadan Moubarak, papa, dit Laila très excitée.

- Ramadan Moubarak, ma chérie. »

En espérant que vous et vos enfants avez aimé cette histoire !

Restez à l'affût des prochains livres.

Printed in France by Amazon
Brétigny-sur-Orge, FR